# Die Aquarell-Malerei

**Bemerkungen über die Technik derselben in ihrer Anwendung auf die Landschafts-Malerei. Dritte Auflage.**

Max Schmidt



**Alpha Editions**

This edition published in 2022

ISBN : 9789356781375

Design and Setting By
**Alpha Editions**
www.alphaedis.com
Email - info@alphaedis.com

# Contents

# Einleitung.

Unter den mannigfaltigen Darstellungsweisen in der bildenden Kunst hat sich seit den letzten zwanzig Jahren die Aquarell-Malerei einen bedeutenden Platz erworben.

Die Technik derselben ist, im Vergleich zu ihrem früheren Standpunkt, so ausserordentlich vervollkommnet worden, dass sie in gewisser Beziehung und auf bestimmte Zwecke angewendet, der Oelmalerei ebenbürtig zur Seite steht.

Während Deutschland verhältnissmässig wenig für die Aquarell-Malerei gethan hat ist sie in Frankreich und Belgien schon seit langer Zeit sorgfältig cultivirt worden. Vor Allem aber sind es die Engländer, welche ihr durch eine ausgedehnte Anwendung auf alle Genres der Malerei sowohl, als durch Vervollkommnung der technischen Materialien, jene anziehende Blüthe abgerungen haben, welche die heutigen Werke in dieser Manier auszeichnet. Man kann mit Recht sagen: abgerungen; denn während sie auf der einen Seite eine Anzahl liebenswürdiger Eigenschaften besitzt, denen sie eben diesen hervorragenden Platz verdankt, ist sie anderseits ein widerspenstiges Wesen mit tückischen Launen, die ihr abgelernt werden müssen, um in ein freundschaftliches Verhältniss mit ihr zu treten.

In England ist die Aquarell-Malerei ausserordentlich verbreitet und begehrt. London besitzt zwei grosse Künstlergesellschaften, (Society of British artists in water colours), deren Mitglieder fast ausschliesslich in dieser Manier arbeiten und jährlich mehrere Ausstellungen ihrer Werke veranstalten. Es gehört in England zur guten Erziehung von Frauen, einigermassen mit der Technik der Aquarell-Malerei Bescheid zu wissen. Selten wird man einen gebildeten Engländer finden, der ohne alle Erfahrung darin wäre; mindestens kennt Jung und Alt die Namen und Werke der ausgezeichneten Meister, wie Forster, Fielding, Harding, Stanfield, Bonnington, Penley etc.

Es ist eine interessante Frage, warum es gerade die Engländer sein mussten, welche der Aquarell-Malerei diesen hohen Grad von Vollkommenheit gaben? Zur Beantwortung derselben ist es nicht unwahrscheinlich, dass die natürliche Beschaffenheit jenes Landes wesentlich zu der Vorliebe beigetragen hat, welche seinen Bewohnern inne wohnt. Vom Meere umflossen, stets von einem reichen atmosphärischen Leben umweht, mit einer kräftigen Vegetation bedeckt, welche sich auf den mannigfaltigsten Terrainbildungen entwickelt, hat England seinen Kindern ein besonders starkes Gefühl für landschaftliche Schönheit mitgegeben. Walter Scott ist nicht allein ein grosser Dichter, er ist auch ein hochpoetischer Landschaftsmaler; die ganze Roman-Literatur Englands folgt, mit mehr oder weniger Glück, seinem Beispiel. Sie verweilt oft und ausführlich bei der Beschreibung ihrer landschaftlichen Schauplätze; aber sie begnügt sich nicht mit der sachlichen Darstellung und der äusseren Gestaltung derselben, sondern geht tief in ihre malerischen Stimmungen und Wirkungen ein, die durch Tages- und Jahreszeit, Atmosphäre und Wolkenbildung hervorgebracht werden, und hier ist der Punkt, wo die Aquarell-Malerei ihre Vorzüge geltend gemacht hat. Luft, Licht, weicher Glanz sind Eigenschaften, die ihr ganz besonders angehören, und zwar in viel höherem Masse als der Oelmalerei.

Wie die al fresco-Farbe, vermöge der Rauhheit ihres Kalkgrundes, einen stärkeren Grad von Licht ausstrahlt, als die Oelfarbe, so ist eine glanzvolle und duftige Atmosphäre auf dem grainirten Papier mit Aquarellfarben auch viel schneller herzustellen, als auf der Leinwand.

Die Landschafts-Malerei macht vorzugsweise die Forderung an Luftperspective und Glanz geltend, und so dürfte für sie, so lange sie sich auf gewisse Dimensionen beschränkt, diese Technik besonders anwendbar sein, und zwar nicht nur in ausgeführten Werken, sondern jetzt, nachdem die technischen Mittel so trefflich ausgebildet sind, auch beim Studium des Künstlers vor der Natur. Wenn nun Licht und Luft besonders leicht und glänzend in der Aquarell-Malerei hergestellt werden können, so ist es erklärlich, dass das neblige und wolkige England diese Technik mehr als die Binnenländer ausgebildet hat, zumal die englischen Landschafts-Maler mit Vorliebe Scenerien aus ihrem eigenen Lande darstellen.

Aber auch das Portrait und die Genre-Malerei, so lange sie sich nicht über eine gewisse Grösse erheben, finden in der Aquarell-Malerei eine liebenswürdige und nicht besonders schwierige Darstellungsweise, und für die Blumen-Malerei, welche die Anforderung an Farbenpracht, Glanz und Licht aufs Höchste steigert, dürfte schwerlich eine zweckmässigere Manier gefunden werden.

Was die speciellen technischen Vortheile der Aquarell-Malerei betrifft, so sind diese mannigfacher Art. Einer der wesentlichsten ist: Schnelligkeit der Arbeit. Während in der Oelmalerei das langsame aber nothwendige Austrocknen der Farbe, ehe man zu weiterer Vollendung vorschreiten kann, einen lästigen Aufenthalt giebt, geschieht dies bei der Wasserfarbe so schnell, dass man nach kurzen Pausen die Arbeit ungehindert fortsetzen kann.

Ferner fällt das lästige Einschlagen und Blindwerden der Farbe, wie es in Oel unausbleiblich ist, wenn man eine zweite Lage über die erste bringt, gänzlich fort.

Der zuerst genannte Umstand des schnelleren Trocknens der Farbe bringt noch den andern Vortheil mit sich, dass man die Arbeit in jedem Augenblicke abbrechen und wieder aufnehmen kann, ohne ihrem technischen Zusammenhang zu schaden, während es bei der Oelfarbe oft eine unabweisliche Forderung ist, ein gewisses Quantum Zeit vor sich zu haben, um eine aus weichen Uebergängen bestehende Partie des Bildes nass in nass fertig machen zu können.

Auch für den zeichnerischen Theil der Arbeit, für die sorgsame Ausbildung der Form bietet die Aquarellfarbe Vortheile dar. So lange man sich in kleinen Dimensionen bewegt, giebt der Wasserfarbenpinsel die Präcision der Zeichnung ungleich leichter und schneller wieder, als dies die consistente Oelfarbe gestattet; besonders fühlbar ist dieser Vortheil bei allen Architectur-Darstellungen, beim Portrait in kleinen Verhältnissen und in Blumenstücken.

Auch mag hier noch eine Bequemlichkeit erwähnt werden, welche dem in freier Natur studirenden Landschaftsmaler besonders zu Statten kommt; es ist die Geringfügigkeit der Geräthschaften und ihre leichte Tragbarkeit.

Höher aber, als diese erleichternden Eigenschaften äusserlicher Natur ist der Umstand anzuschlagen, dass für die Gesammtstimmung und harmonische Abtönung des Werks in der Aquarelltechnik so bequeme Mittel dargeboten sind. Durch dünne, breite Farbenlagen ist es möglich, den Ton ganzer Partien des Bildes zu erhöhen, zu erwärmen, oder herabzudrücken, ohne der bereits vorhandenen Zeichnung im mindesten zu schaden. Es wird hierdurch sowohl, als auch oft durch Waschungen mit reinem Wasser jene Vergeistigung des Gesammttons und der Farbe erreicht, die zu den specifischen Eigenschaften der Aquarell-Malerei gehört.

Den Bequemlichkeiten und Vortheilen gegenüber zeigen sich aber auch einige oft recht empfindliche Nachtheile, die nur durch Vorsicht und durch eine zu erwerbende Geschicklichkeit der Hand zu überwinden sind.

Dahin gehört namentlich in der Landschafts-Malerei die Schwierigkeit der Behandlung der Luft, sobald dieselbe an Wolkenbildung und Farbe reich ist.

Grosse Veränderungen in derselben vorzunehmen, wie dies in der Oelmalerei unzählige Male wiederholt werden kann, ohne der Leinwand zu schaden, wird auf der zarten Oberfläche des Papiers oft unmöglich und ein solcher Fall endigt in der Regel damit, dass man die ganze Arbeit verwirft und zu neuem Papier greift. Zwar ist der Schwamm in solcher Noth ein vortrefflicher Freund, doch kann auch er nicht helfen, wenn die Textur des Papiers durch scharfes Waschen zu sehr zerstört ist.

Aenderungen der Arbeit an weniger zarten Stellen, als der Luft, bewerkstelligen sich bei weitem leichter durch Schwamm und Tuch. Alle Aenderungen und Reparaturen sind aber zeitraubend und mühselig, weit mehr als bei der Oelfarbe, wo der Lappen und das Schabemesser oft ebenso viel thun, wie der Pinsel, und wo ein gänzliches Verderben des Bildes absolut zu verhindern ist, wenn auch noch so viele Aenderungen auf demselben vorgenommen sind. Um so mehr wird es in der Aquarell-Malerei für den Künstler Nothwendigkeit, sich seiner Aufgabe klar bewusst zu sein, um in der ganzen Disposition des Bildes, in der allgemeinen Vertheilung von Hell und Dunkel, fest zu bleiben.

---

# Geräthschaften.[1]

Was die Geräthschaften zur Aquarell-Malerei angeht, so ist es keineswegs gleichgültig, welche Wahl man unter der Masse des zum Kauf ausgebotenen Materials trifft. Das Schaffen eines Kunstwerks ist an und für sich schwierig genug, als dass man es sich durch ein unzweckmässiges Material noch erschweren sollte.

Von der grössten Wichtigkeit ist die Wahl des Papiers. Die besten Arten sind die von den Engländern in vorzüglicher Güte fabricirten Aquarellpapiere, unter welchen besonders zu empfehlen sind:

1. Whatman, double elephant, extra thick.

2. Whatman, double elephant, die dünnere Gattung.

3. Harding paper, thick.

Letzteres ist von weicherer Beschaffenheit, als die Whatman-Papiere, und verleiht vermöge seiner milden Textur den Lufttönen eine überaus zarte Leuchtbarkeit. Hinreichend nass behandelt, lassen sich auf keinem andern Papiere breite Farbenlagen so fleckenlos herstellen.

Eine dünnere Gattung desselben Namens ist für kleine Dimensionen gut anwendbar. Beide haben im Gegensatze zu den oben genannten Papieren einen warmen, gelblichen Ton.

4. Creswick paper, ein gelbliches, mässig dickes Papier mit starkem und etwas weicherem Grain, als das Whatman, besonders geeignet für grössere Dimensionen.

5. Griffin paper von Windsor & Newton, ohne Zweifel das beste aller Aquarellpapiere, aber auch das theuerste.

Um bequemer und sauberer zu arbeiten, ist es nöthig, das Papier auf ein Bret zu spannen. Solche Bretter lässt man am besten von starker oder doppelter Pappe anfertigen: dieselbe wirft sich nicht und ist, weil ohne Querleisten, leicht zu transportiren.

Hinsichtlich der Fabrikation der Aquarellfarben sind die Engländer wiederum Meister. Nicht dass ihre Pigmente besser wären als die unsrigen, aber die englische Präparation für den Gebrauch ist die zweckmässigste und trotz mancher Versuche von unsern Fabrikanten leider noch nicht erreicht.

Die beste Gattung Farben sind die unter dem Namen Moist colours von *Windsor & Newton* in London verfertigten, und unter diesen die in kleine

Porcellankästchen (Pans) gefüllten. Sie sind in Blechkästen von verschiedener Grösse, je nach der Anzahl der Farben, gelegt. Der geöffnete Kasten enthält in seinem Deckel drei oder vier Vertiefungen, welche man zum Mischen der grösseren Farbentöne gebraucht, und auf der andern Seite eine Blechplatte, welche als Palette dient.

Diese Kasten sind leicht zu transportiren; die Farben bröckeln nicht, wie alle andern Gattungen, welche man für den Gebrauch erst in Tuschnäpfchen einreiben muss, und geben bei der leichtesten Berührung des genässten Pinsels an. Die gebräuchlichsten und in ihrer Haltbarkeit gegen die Einwirkung des Lichts erprobten sind:

1. Yellow Ochre.
2. Indian Yellow.
3. Mars Yellow.
4. Raw Sienna.
5. Gamboge.
6. Rose Madder.
7. Light Red.
8. Indian Red.
9. Brown Madder.
10. Cobalt.
11. French Blue.
12. Indigo.
13. Burnt Sienna.
14. Vandycke Brown.
15. Sepia.
16. Brown Pink.
17. Ivory Black oder Lamp Black.
18. Olive Green.

Seltner gebraucht, aber doch in gewissen Fällen unentbehrlich sind Minium oder Rouge de Saturne und Cendre verte, welche beide man am besten in kleinen trockenen Tafeln aus der Fabrik von *Chenal* bezieht, Permanent Chinese White von *Windsor & Newton*, in Zinnbüchschen, feucht präparirt.

Gänzlich zu vermeiden sind folgende, leider sehr gebräuchliche Farben:

1. Preussisch Blau. Es dunkelt und blaut schon in kurzer Zeit sehr nach und verzehrt die mit ihm gemischten Farben.
2. Carmin, Crimson-Lake, Purple Lake und alle aus Cochenille fabricirten Farben; dem Lichte ausgesetzt, bleichen sie in kurzer Zeit und verschwinden mit der Zeit ganz.
3. Gallstone, Dragon Blood, Hooker's Green, Italian Pink, Scarlet sind gleichfalls undauerhaft.

Die vorzüglichste Art von Pinseln für die Aquarell-Malerei sind die von *Windsor & Newton* fabricirten Sable Brushes, rund in Federkiel. Weniger gut, wiewohl immerhin brauchbar und für den zehnten Theil des Preises käuflich sind die gewöhnlichen französischen Aquarell-Pinsel. Neben ihnen wird man mit Vortheil die braunen Marderpinsel, in Blech gefasst, anwenden, welche sich durch eine ungleich grössere Elasticität auszeichnen.

Sehr zu empfehlen sind Camel-Hair-Pinsel von *Windsor & Newton*, die in Güte und Preis zwischen den Sable Brushes und den französischen Aquarell-Pinseln stehen.

---

# Betrachtung der einzelnen Theile einer Landschaft.

Um die Entstehung eines Aquarell-Gemäldes, wie es seine verschiedenen Phasen, zu immer grösserer Vollendung fortschreitend, durchläuft, zu veranschaulichen, wird es nothwendig sein, zuvor auf seine einzelnen Theile specieller einzugehen. Um dies mit Erfolg zu können, reicht es nicht aus, die Technik als völlig isolirten Theil der Arbeit allein zu betrachten; es wird, zum näheren Verständniss derselben, oft auf die künstlerische Auffassungsweise der Natur hingewiesen werden müssen.

Gar häufig ist der Künstler geneigt, wenn die Arbeit nicht nach Wunsch gelingen will, die Schuld der mangelhaft bewältigten Technik beizumessen, während in den meisten solcher Fälle die unrichtige oder unklare Auffassung des Natureindrucks, den er geben will, der Grund ist, dass die angewendeten technischen Mittel ihre Wirkung versagen.

Alle Technik muss aus einer innern Nothwendigkeit entspringen; sie soll die Dienerin des malerischen Gedankens sein; ihm soll sie sich unterordnen als das von ihm abhängige Wesen, wie in der Musik die Melodie von den begleitenden Stimmen nicht übertönt und verdunkelt werden darf. Diese Forderung schliesst keineswegs aus, dass auch der Technik ein gewisses Recht auf Selbständigkeit zuerkannt werde; sie wird immerhin ein Spiegelbild der individuellen Eigenthümlichkeit jedes einzelnen Künstlers bleiben, und wie sollte man nicht mit Vergnügen und Bewunderung einer geistreichen und ausdrucksvollen Pinselführung bis in die kleinsten Details folgen, sobald sie nicht mit der koketten Prätension moderner Virtuosität auftritt, die nur dazu dient, das eigentliche Wesen und die Innerlichkeit des Kunstwerks zu verwischen, oft sogar zu vernichten. *Rembrandt*, *Teniers*, *Ruysdael*, *Hobbema* sind wahrlich auch Techniker gewesen, nirgend aber tritt in ihren Werken das Machwerk überwiegend auf; überall dient es nur, um den malerischen Gedanken auf's Kräftigste in die Erscheinung treten zu lassen.

In der Landschafts-Malerei, für welche sich bei kleinen Dimensionen vorzugsweise die Aquarell-Technik eignet und welche somit bei der folgenden Entwickelung zur Grundlage dienen mag, ist es in unendlich vielen Fällen die Luft, welche sich unserm Auge vor allem Andern bemerkbar macht. Ihre Stofflosigkeit im Verhältniss zu der körperlichen Erde und ihren Erzeugnissen scheidet sie wesentlich von letzterer. Sie ist für uns das Bild der Unendlichkeit und stellt sich hin als stärkster Gegensatz zu den festbegrenzten greifbaren Formen der Erdrinde. In der Luft und ihren Veränderungen liegen die grossartigsten, ergreifendsten Natureindrücke, welche die menschliche Seele aufzufassen fähig ist. Das eigentliche, innerste

Wesen des malerischen Gedankens ist zwar niemals durch Worte völlig wiederzugeben, — es wäre dann ja auch unnütz zu zeichnen, zu malen, zu meisseln, das Wort würde ausreichen; aber es lässt sich im Allgemeinen sagen, dass die unendliche Reihe unserer Gemüthsstimmungen von der harmlosen Heiterkeit bis zur tiefsten Schwermuth eine Ausdrucksweise im atmosphärischen Leben unsers Erdballs findet, oder richtiger, die Seele für ihre verschiedensten Stimmungen entsprechende Wiederklänge in den Wandlungen unserer Atmosphäre. Nicht hoch genug kann die Vorsicht sein, mit der der Künstler an diesen Theil seines Werkes geht. Ein richtig angeschlagener Ton der Luft wird ihm der Führer für die Harmonie des Ganzen. Selbstverständlich gilt dies nur für solche Vorwürfe, welche einen besondern Accent der Wirkung der Luft erfordern und in denen diese dann immer einen verhältnissmässig grossen Raum einnimmt, wie bei Darstellungen des Meeres, des Strandes, der flachen Haide, von Wiesengründen mit Gewässern etc. Im andern Falle, wo die festen Gegenstände den grössten Theil des Bildes decken, wird die Luft nur von secundärer Wirkung sein.

Alle Luft, mag sie noch so bewölkt sein, erfordert vermöge ihrer leichten, körperlosen Natur eine andere technische Behandlungsweise, als feste Gegenstände; auch in ihren stärksten Gegensätzen wird sie immer weich und zart bleiben müssen.

Im klaren Aether sind die Uebergänge von einem in den andern Ton ohne bestimmte Grenze. Dunstschichten durchziehen sie in scheinbarer Willkür, sie verschwinden und verlieren sich als leichter Hauch. Die Schatten der Wolken sind mit Lichtern und Halblichtern durchwebt, welche weich in dieselben verlaufen. Solchem Wenig körperhaften Wesen gegenüber liegt für den Darsteller die Gefahr nahe, formlos zu werden und aus Furcht vor Härten sich in Verblasenheit zu verlieren. Hier ist es die Aufgabe, bestimmt im Unbestimmten zu sein, die Form fest und sicher zu zeichnen, aber mit den verwandtesten Mitteln, mit gering unterschiedenen Tönen. Abgesehen vom Aquarell finden wir hohe Beispiele dieser Art bei Claude de Lorrain; seine Lüfte schwimmen im Sonnenglanz, nichts Compactes und Erdiges mischt sich in sie hinein, und dennoch können wir jedes Wölkchen in seinen Umrissen verfolgen. Angewendet auf die Aquarell-Malerei wird es zur Erreichung dieses Zweckes rathsam sein, die Luft mit sehr hellen Tönen zu beginnen, die Form der Wolken von vorn herein fest zu bestimmen und nach und nach die Töne zur beabsichtigten Kraft zu steigern. Durch diese allmähliche Verstärkung des Tones erreicht man am leichtesten den nothwendigen ätherischen Hauch; die Poren des Papieres werden gleichmässiger gedeckt, die Farbe vergeistigt sich. Indess kann man dasselbe Resultat auch auf die entgegengesetzte Weise erreichen: man setze die ersten Lagen der Luft um einen starken Grad kräftiger ein, als sie sein sollen, mit voller Beobachtung der Form; nachdem das Papier gut trocken geworden, passire man das Ganze, mit einem breiten Pinsel, wiederum mit Wasser und bearbeite dann die einzelnen Töne mit einem weichen Schwamm der Art, dass der ganze Ton vermindert wird und alle Härten und Schärfen schwinden. Nachdem das Papier wieder trocken geworden, wird man an den zu matt gewordenen Stellen noch einige Kraft nachzusetzen haben; das Ganze aber wird hauchig und zart geworden sein.

Einige Beispiele mögen das Gesagte noch deutlicher machen. Die einfachste, wiewohl keineswegs die leichteste Aufgabe ist, eine heitere blaue Tagesluft ohne Gewölk darzustellen. Dem ungeübten Auge erscheint das Blau des Tageshimmels eine einfache Abschattirung von Dunkel nach Hell; nach genauer Prüfung wird aber gefunden werden, dass es dreimal seine Natur wechselt, und um dies recht entschieden zu erkennen, neige man den Kopf tief auf die Seite: diese ungewohnte Stellung zeigt die Farben-Unterschiede am deutlichsten. Man beginne mit reinem Blau (Cobalt, Indigo) und stelle durch wiederholte schwache Lagen eine zarte Abschattirung von oben nach unten her, so dass dasselbe am Horizont ganz verschwindet. Dann nehme man zwei Töne von Yellow Ochre, den einen viel heller als den andern, gebe dem Bret eine etwas schräge Lage von oben nach unten, bediene sich eines möglichst grossen Pinsels und beginne mit einem Strich reinen Wassers vom Zenith abwärts, setze den hellen Ton ein und mische, weiter nach unten vorschreitend, mit jeder Pinsellage ein wenig vom Dunkleren zum Helleren, so dass, am Horizont angekommen, das Gelb allmählich an Intensität zugenommen hat.

Diese Operation lässt sich auch in entgegengesetzter Weise herstellen, indem man das Bret umdreht, mit dem starken Ton am Horizont beginnt und, durch stetiges Zusetzen von reinem Wasser, ihn nach dem Zenith zu in grösster Zartheit auslaufen lässt. Nachdem er trocken, übergehe man die ganze Luft mit einem breiten Pinsel mit reinem Wasser, um alle Unreinheiten noch fortzunehmen. Diese Waschungen mit reinem Wasser, nach den einzelnen Farbenlagen angewendet, sind sehr zu empfehlen und dienen wesentlich zur Erreichung von Glanz und Duft.

Sodann mische man einen leichten Ton von Light Red und Rose Madder, setze ihn am Horizont ein und verwasche ihn nach dem Mittelgrunde der Luft; einen andern Ton von Rose Madder rein, aber sehr hell, setze man am Zenith ein und lasse ihn abwärts zart auslaufen. Wenn alles dies fleckenlos geglückt, wird die Luft immerhin noch einen blauen Eindruck machen, aber sie wird den sonnigen Hauch der Natur erlangt, den Eindruck der Fläche verloren und den der Wölbung gewonnen haben.

Um die Mittagszeit, wo die Luft bei vollständiger Klarheit am meisten blau, werden die farbigen Töne nur von äusserster Zartheit angewendet werden dürfen. Je mehr die Stunde von der Mittagszeit entfernt ist, nimmt das Blau an Ausdehnung und Intensität ab und macht den gelben und rothen Tönen mehr und mehr Platz.

Erfordert der Vorwurf Wolken in der Luft, so beginnt man am besten mit dem blauen Aether und spart die Wolken in ihrem ganzen Umfange mit bestimmten Contouren aus. Nachdem das Blau in seiner ganzen Abstufung tadellos hergestellt ist, mische man einen Ton von Yellow Ochre und Brown Madder, sehr hell, und übergehe das ganze Papier eintönig mit demselben, nur mit Auslassung absolut weisser Gegenstände des Vorgrundes; dieselben sind positiv heller als die Lichter der Wolken. Dieser allgemeine Ton mildert die Rohheit und Schärfe des weissen Lichts und steigert die Transparenz und Duftigkeit der Luft. Für die Schatten der Wolken mische man einen Ton von Cobalt mit Light Red oder von Brown Madder, Yellow Ochre und Cobalt, sehr hell, und modellire die Wolken indem man mit demselben ihre Mitteltöne und Schatten gleichmässig bedeckt; an einigen Stellen wird der Ton durch Auswaschen zart und ohne sichtbare Grenze in das Licht hinein zu ziehen sein. Ein zweiter Ton aus Light Red und Cobalt, oder Cobalt und Brown Madder, oder Cobalt und Rose Madder, je nachdem die Mitteltöne warm oder kalt sind, diene für die Kernschatten.

Sehr zu beachten für das Gelingen einer weithin ausgedehnten Luft ist die Veränderung des Tons der Lichter und Schatten, je nachdem sie sich vom Vorgrunde entfernen; sie wechseln in weitester Ferne geradezu ihr Verhältniss: während die zunächst über uns schwebenden Wolken die hellsten und kältesten Lichter neben warmen Schattentönen haben, nehmen die Lichter in dem Masse wie sie sich in die Ferne ziehen, einen wärmeren und tieferen Ton an, der sich bis zum röthlichen steigert; die Schatten dagegen verlieren an Wärme und neigen sich dem Grau zu. Selbstverständlich kann diese Veränderung des Farbenverhältnisses nur für eine und dieselbe Wolkenschicht gemeint sein.

Befinden wir uns beim Sinken der Sonne in freier Natur, so wendet sich der Blick unwillkürlich dem Westen zu. So tausendfältig wir dieses Schauspiel beobachtet haben, behauptet es doch immer auf's Neue seinen unbeschreiblichen Zauber. Die Sonne ist in unsern Gesichtskreis getreten; unverhüllt ist unser Auge nicht im Stande, ihre Strahlen zu ertragen, wir schützen es durch die vorgehaltene Hand und schwelgen in der tiefer liegenden Farbenpracht. Ein thörichtes Unternehmen wäre es, im klaren Aether die unverhüllte Sonne selbst malen zu wollen; was wir nicht ohne Schmerz im Auge sehen können, ist auch für die Malerei nicht darstellbar. Dagegen wird uns die ganze Farbenscala vom Zenith bis zum Horizont bequem sichtbar, wenn ein Gewölk oder Dunstmassen die Sonnenkugel verdecken. Wir sehen ihre Wirkung auf Aether, Wolken und Erde und ahnen nur den hellsten Fleck, der hinter der Wolke steckt. Solche Augenblicke sind annähernd darstellbar und wir können wohl sagen, dass sie das Aeusserste von Schönheit und Pracht in sich schliessen, was unsere Erde zu bieten vermag. Unwillkürlich wird sich der Künstler aufgefordert fühlen, seine Kräfte an dieser Aufgabe zu erproben, aber auch dem Geschicktesten und Begabtesten gelingt es nur selten, eine glückliche Darstellung dieser Naturstimmung zu erreichen. Vom Erhabenen zum Lächerlichen ist nur ein Schritt, und neben dem höchsten Grad von Schönheit liegt die Karikatur; der höchste Farbenglanz um einen Grad übertrieben, fällt aus der Harmonie und wird Rohheit. Je entschiedener und intensiver die Farben auftreten, um so schwieriger wird es, das rohe Material der Palette zu überwinden und zu vergeistigen, so dass an die Stelle farbiger Flecken und Uebergänge der Eindruck des Lichts entsteht.

Leicht ist es, alle pikanten Natureffecte skizzenhaft so wiederzugeben, dass der Beschauer erkennt, was man gewollt; aber einen Abend oder Morgen in seiner ganzen Pracht und Erhabenheit darzustellen, erfordert die höchste Sammlung und Anspannung der malerischen Kräfte. Es ist ein gewaltiger, lang austönender Accord der reichsten Harmonie.

Danach wird der Versuch, mit Worten die technische Art und Weise zu beschreiben, wie derartige Wirkungen herzustellen sind, immer unzulänglich sein. Nur der einfachste Vorwurf kann einigermassen den Weg zeigen, wie man zu verfahren hat; bei reicheren Aufgaben mit verschiedenen Wolkenschichten kommt zuviel auf die individuelle Auffassungsweise des Künstlers an, als dass man die Entstehungsweise genau beschreiben könnte. Die Aufgabe sei: eine klare Abendluft, die Sonne links ausserhalb des Bildes, etwa eine halbe Stunde vor Sonnenuntergang.

Man präparire einen hellen Ton von Yellow Ochre und ein wenig Rose Madder, und übergehe das Papier gleichmässig mit demselben. Sodann drehe man dasselbe um und beginne am Horizont mit einem leichten Ton von Brown Madder, treibe denselben etwa bis zu einem Drittel in den Mittelgrund und lasse ihn daselbst zart verlaufen. Nachdem er trocken, bringe man das Papier wieder in die ursprüngliche Lage, präparire einen Ton von Yellow Ochre und einen zweiten von Yellow Ochre und Light Red, übergehe das Papier von oben mit reinem Wasser, beginne im Mittelgrunde den ersten Ton einzusetzen, mische dann nachgerade von dem zweiten dazu und gehe nach unten ganz in ihn über. Alsdann lege man reinen Cobalt über den oberen Theil der Luft, lasse ihn nach dem Mittelgrunde zart verlaufen, steigere ihn dagegen nach oben mit Rose Madder.

Die Reihefolge von Tönen, welche sich auf diese Weise erzeugt haben, ist folgende: Der obere Theil beginnt mit einem gebrochenen Blau, geht durch einen grünlichen Hauch in Gelb über; dann steigert sich das Gelb an Intensität und geht in Orange über; dem untersten Theil gebe man durch eine Lage Rose Madder und ein wenig Permanent Chinese White mehr Tiefe und Duft.

Waschungen, mit reinem Wasser und einem breiten Pinsel ausgeführt, werden, zwischen den verschiedenen Farbenlagen angewendet, der Harmonie und Zartheit des Ganzen einen höheren Grad verleihen.

Wirken die verschiedenen Farbenlagen nicht ausreichend, so wiederhole man sie in helleren Mischungen. Je näher die Sonne am Sinken ist, desto mehr wird der untere Theil der Luft an Intensität der Farbe zunehmen müssen, während das Blau nach oben einem fast farblosen Perlgrau weicht.

Der glänzendste Theil einer solchen Luft ist der Mittelgrund, der aus einem fast reinen gelben Ton besteht; er nimmt verhältnissmässig nur einen sehr kleinen Raum ein, steigert sich abwärts nach stärkerem Gelb, Orange und Purpur, verliert sich dagegen aufwärts durch Apfelgrün nach Perlgrau.

Ohne besondere Schwierigkeit kann man in eine so gestimmte Luft einiges Gewölk bringen, sobald sich dasselbe in allen Theilen als dunklerer Ton auf dem dahinter liegenden Aether absetzen soll. Als Lichtton wird Light Red und Yellow Ochre, Light Red und Rose Madder dienen, je nach der Lage der Wolken, und als Schattenton Cobalt mit Light Red oder Rose Madder. Ist das Gewölk sehr verschwimmend gedacht, so thut man gut, den ganzen Aether mit Wasser zu passiren und wenn dasselbe abgedampft ist, den Lichtton einzusetzen, der sich dann auf das Zarteste verziehen lässt. Die Schatten sind besser in's Trockene zu setzen und an einigen Stellen zu verwaschen.

Leichte, helle Wölkchen im oberen Theil der Luft sind durch Herauswaschen zu erzeugen; man bezeichnet dieselben mit reinem Wasser, trocknet die genässten Stellen mit feinem Löschpapier sorgsam ab und reibt alsdann mit Brodkrume leicht darüber hin.

Die auf diese Weise hell gewordenen Flecken colorirt man mit einem entsprechenden Ton, doch muss man hierbei vorsichtig die Conturen inne halten, um nicht dunklere Ränder zu erzeugen.

Bei Weitem schwieriger wird eine Abendluft, wenn dieselbe mit starkem Gewölk, welches sich hell und dunkel gegen den Aether absetzt, beabsichtigt ist. Der sicherste Weg hierbei wird der sein, bevor man an irgend einen Farbenton denkt, die ganze Luft in Blau (Cobalt oder Indigo) fertig zu modelliren. Die grösste Zurückhaltung ist dabei anzuwenden, um den farbigen Tönen, die man nachher darüber legt, ihre volle Lichtwirkung zu bewahren.

Eine zweite Aufgabe sei: eine neblige Abendluft nach Westen; die Sonne in der Mitte des Bildes, etwa zwischen dem ersten und zweiten Drittheil der Luft von oben.

Man gebe dem ganzen Papier nach oben beschriebener Art eine Lage Gelb, am oberen Rand sehr hell anfangend, nach unten gleichmässig an Kraft zunehmend. (Indian Yellow und Indian Yellow mit Yellow Ochre.) Sodann markire man die Stelle der Sonnenkugel durch einen Kreis leicht mit Bleistift und präparire darauf einen sehr hellen Ton von Mennige und Rose Madder. Nachdem man mit reinem Wasser einen etwa pinseldicken Kreis concentrisch um die Sonne gezogen hat, beginne man, den genannten Ton von oben über das Papier zu legen, so dass er die Sonne bis auf einen schmalen Gürtel Gelb, in welchen er sich zart verlaufen muss, kreisrund einschliesst, und treibe ihn dann gleichmässig durch das ganze Papier.

Einen Ton von Brown Madder lege man alsdann vom Horizont beginnend bis in die Gegend der Sonne, wo er sich unmerklich verlieren muss. Mit einem andern sehr hellen Ton von Cobalt töne man beide oberen Ecken des Papiers ab und nähere sich mit demselben kreisförmig der Sonne in verschwimmender Weise; links und rechts lasse man ihn da verschwinden, wo der Ton von Brown Madder sein Ende gefunden hat, so dass zwischen beiden ein schmaler Raum mattes Gelb übrig bleibt. Um nun den unteren Theil der Luft die dieser Stimmung eigenthümliche Undurchsichtigkeit zu geben, präparire man einen Ton von Cobalt, ein wenig Rose Madder mit einem Zusatze von Weiss, setze ihn am Horizont ein und lasse ihn nach oben zu verschwinden.

Zur Vollendung der Wirkung fehlt noch die hellste Stelle der Sonne. Nachdem der Bleistiftstrich, welcher die Sonnenkugel markirt, mit Gummi entfernt, reibe man mit Radirgummi oder pulverisirtem Bimsstein das Gelb der ersten Lage aus der Sonne selbst hinweg, der Art, dass die Mitte der Sonne völlig weiss wird, der Lichtschimmer aber in den Nebenton hineinstrahlt; Dasselbe ist mit einem sehr scharfen runden Radirmesser zu erreichen. Der Effect ist überraschend blendend und doch nicht beleidigend; ein leises Ueberreiben der nächsten Umgebung der Sonne mit pulverisirtem Bimsstein oder geschabtem Leder steigert noch die Zartheit der Wirkung.

Graue Lüfte wird man am leichtesten durch eine Mischung von Cobalt oder Indigo, Sepia und Brown Madder in verschiedenen Abstufungen herstellen.

Das Gewölk zeigt sich in denselben an den hellsten Stellen in reinem Weiss, d. h. in dem Papierton. Tiefer schwebende Wolken werden wieder mit einem Ton von Sepia, Brown Madder und Indigo zu geben sein und ihre

Schattentöne aus Brown Madder und Cobalt. Die wärmeren Töne am Horizont sind mit Yellow Ochre, Light Red und Indian Red herzustellen.

In unserm nordischen Klima spielt die graue und weisse Luft für die Landschafts-Malerei eine grosse Rolle. Das viel und mannigfaltig abgestufte Grün steht zu keinem andern Farben-Gegensatz so harmonisch, als zu Grau und Weiss. Ein bedeckter feuchter Tag am schilfigen Ufer eines Sees mit dunklen Wolkenschatten über einem und dem andern Theil der Scene ist ein Thema, welches unendlich mannigfaltig bearbeitet werden kann und immer wieder unser innerstes Gemüth ansprechen wird. Diesen Gegensatz zu Grau und Grün hat schon Ruysdael auf das Eminenteste ausgebildet. Seine schwarzgrünen Eichen erheben sich mit heroischer Kraft in die Atlastöne der Luft und seine weissschäumenden Wasserfälle sind aus demselben Harmoniegefühl entsprungen.

Es sei gestattet, an dieser Stelle Troyon zu nennen, einen unlängst verstorbenen Meister in Paris, der in seinen Thierstücken mit grosser landschaftlicher Umgebung an Glanz und Zartheit der Farbenwirkung noch unübertroffen ist. Seine Lüfte sind meistens aus Silbergrau gestimmt, welches er in den feinsten Combinationen und Abstufungen zu seinem Zwecke verwendete, um dem Grün der Landschaft und dem starkfarbigen Fell der Thiere den höchsten realen Glanz zu geben. Diese hervorstechende Eigenschaft seiner Bilder, eine leuchtende Realität ohne Rohheit, ist für alle Künstler von höchstem Interesse. Begreiflicher Weise hat er einen Schwarm von Nachahmern hervorgerufen, die ihr einziges Heil in Grau und Grün suchen, sich aber selten über die gewöhnlichste Prosa erheben, weil ihnen eben die Ursprünglichkeit ihres Vorbildes abgeht.

Es bleiben nun noch die Mondnächte zu erwähnen. Als künstlerischer Vorwurf steht der Mondschein sicherlich hoch, sein Wesen ist Stimmung; über seine Auffassung lässt sich aber wenig sagen, sie beruht eben auf eigner innerer Empfindung. Technisch wird man wohlthun, zur Erreichung der nothwendigen Tiefe der Luft sich nicht mehr des Cobalts zu bedienen, sondern den Indigo und Ivory Black an seine Stelle zu setzen. Dünne Lasuren von French Blue werden dem grünlichen Ton des Indigo, wo derselbe nicht erwünscht ist, mit Erfolg entgegenwirken.

Als practische Regel ist auch hier wieder hervorzuheben, dass man mit leichten Tönen beginnend, erst allmählich in die Tiefe geht und stets im Auge behält, welche Kraft man im Vorgrund nöthig hat, um die irdischen Gegenstände fest und stofflich wirken zu lassen.

Sehr häufig werden schön gedachte Mondschein-Darstellungen dadurch wirkungslos, dass die Luft in ihrem Gesammtton zu dunkel gegen die festen Gegenstände des Vorgrundes gehalten ist. Ebenso ökonomisch, wie in den Tiefen, muss man im Licht verfahren. Leicht ist man geneigt, die silbernen

Bänder der Wolken glänzend hell zu geben, um sie eben recht silbern erscheinen zu lassen; man bedenkt in solchem Falle aber nicht, dass die Mondscheibe selbst unendlich viel heller ist, als irgend eine, auch die am nächsten liegende Wolke. So wird es practisch sein, gleich zu Anfang die ganze Luft mit Ausnahme der Mondscheibe und ihres Lichtscheins (Hof) mit einem neutralen Ton zu bedecken, der den Grad der Helligkeit der lichtesten Wolken hat. In diesen Ton setze man den Aether mit einer leichten Lage von Indigo ein und weise den lichten Wolkenmassen durch Aussparung ihre Stellen an. Dunststreifen setzen sich in ihrer ganzen Ausdehnung hell gegen den Aether; ihre Schatten nehmen einen wärmeren Ton an, als der Aether. Uns näher liegende Wolkenschichten wirken wegen ihrer grösseren Dicke als dunklere Flecken auf den Aether, und sind von hellen Rändern und Einschnitten umgeben, die sich durch einen wärmeren Mittelton in den dunkelgrauen Kernschatten verlieren. Sepia mit Brown Madder und Indigo sind mit Erfolg dafür anzuwenden; zu den tiefsten Punkten setze man ein wenig French Blue. Den Aether verstärke man mehr und mehr mit Indigo, Ivory Black und French Blue.

Von der grössten Wichtigkeit für die Leuchtbarkeit einer Mondluft ist das stetige Abnehmen der Intensität des Lichts auf den Wolkenrändern, je mehr sie sich vom Monde entfernen, und dem entsprechend die Verminderung der Dunkelheit in den Schatten der Wolken, so dass an den am tiefsten und am meisten seitwärts liegenden Stellen Licht und Schatten fast in einen Ton zusammen fliessen.

In unmittelbarer Verbindung mit dem Eindruck der Luft steht die Ferne und meistentheils auch der Mittelgrund einer Landschaft. Für die technische Behandlung dieser Theile des Werks ist hauptsächlich anzuführen, dass man sich für sie derselben Farbenmittel als in der Luft bediene; man wird dadurch am leichtesten in der Harmonie bleiben. Cobalt, Rose Madder, Light Red und Yellow Ochre sind fast durchgängig ausreichend dafür; an die Stelle des Rose Madder ist Indian Red fast noch mehr zu empfehlen. Bei glänzenden Effecten, wie Sonnen-Untergang und Dämmerung, wird noch Purple Madder und French Blue nöthig werden. Waschungen mit reinem Wasser über den unteren Theil der Luft mit der Ferne zugleich werden zu jener verschwimmenden Weichheit, die hauptsächlich ihren Zauber ausmacht, viel beitragen.

Wenn die Ferne im Allgemeinen einen tieferen Ton hat, als die daran reichende Luft, so ist es immer vortheilhaft, den Luftton zuvor durch die ganze Ferne zu legen, dann den hellsten Ton der Ferne darauf, und in diesen den Schatten, der an seinen dunkelsten Stellen fast immer auch am kältesten wirkt. Um die Luftigkeit der Schatten in der Ferne zu erreichen, wird es häufig nothwendig, dem aus Cobalt und Light Red oder Rose Madder gemischten Ton ein wenig Weiss zuzusetzen.

Bei der Anlage des Mittelgrundes verfahre man ganz in derselben Weise; da sich aber hier bereits Mitteltöne zu zeigen anfangen, die, je weiter nach vorn, desto verschiedener werden, so wird man wohl thun, dieselben, ehe man die Schatten einsetzt, zuvor über die Lichtsilhouette zu legen. In die Schatten nehme man ebenfalls ein wenig Weiss, um nicht durch die beiden darunter liegenden Töne zu schwer und stofflich zu wirken.

Unter den Gegenständen, welche einer Landschaft Reichthum und Anmuth verleihen, nehmen die Bäume stets einen Hauptrang ein. Ein kräftiger Baumwuchs auf leicht bewegtem Terrain, ein stilles Wasser und ein Blick in die Ferne sind Elemente, die eine unendliche Reihe eindrucksvoller Zusammenstellungen zulassen.

Die Art, wie man Bäume und überhaupt Vegetation technisch am leichtesten darstellt, ist folgende: Nachdem man die äussere Form des Baumes durch einen leichten, in den Proportionen aber sehr gewissenhaften Bleistiftcontur angedeutet, auch die hauptsächlichsten inneren Laubpartien sowie den Gang des Stammes und der Hauptäste fest hingestellt hat, beginne man mit dem allgemeinen Lichtton, und übergehe mit demselben die ganze Masse des Baumes dergestalt, dass die lockeren von der Luft durchblitzten Aussenpartien gleich in ihrer vollen Charakteristik ausgedrückt sind. In den geschlossenen inneren Partien führe man den Ton einfach durch, so dass hierdurch eine einfarbige, in ihrem Aussencontur möglichst vollendete Silhouette des Baumes entsteht. Mit einem leichten graubraunen Ton (etwa Sepia und Cobalt) stelle man nun die Stämme und Aeste in ihren sichtbarsten Haupttheilen fest. Sodann gehe man zum Mittelton über. Derselbe hat in der Regel eine etwas wärmere, transparentere Natur; also zu einem Lichtton von Olive Green würde ein Mittelton von Olive Green und Indian Yellow stimmen. Mit demselben modellire man die Lichtsilhouetten in derselben zeichnenden Weise, so dass nicht nur alle Mitteltöne, sondern auch die Schatten davon bedeckt sind. In gleicher Weise verstärke man die Stämme und Aeste mit einem tieferen Ton. Der dritte Ton, welcher die eigentlichen Schatten markiren soll, muss um ein gut Theil neutraler gemischt sein, als der Mittelton, etwa einfach aus Ivory Black oder Indigo mit Indian Red, oder Light Red mit Cobalt.

Die Reflexlichter auf der Schattenseite des Baumes, welche einen verhältnissmässig kälteren Ton haben, werden dadurch erzeugt, dass man sie mit Wasser zeichnet und mit einem seidenen Tuch vorsichtig herauswischt; die dadurch entstandenen hellen Stellen colorirt man mit einem neutralen Ton von Indigo oder Cobalt mit einem leichten warmen Zusatz.

Die gröbste Operation ist nun vollendet und wenn sie geschickt mit Verständniss der Form und Modellirung ausgeführt ist, muss der Baum in einiger Entfernung schon so eine plastische und charaktervolle Wirkung machen. Aber es ist noch viel zu thun, ihm vollends den Ausdruck des Lebens zu geben und ihn über die rein decorative Darstellung zu erheben. Ueber diesen Theil der Durchbildung lassen sich kaum bestimmte Regeln geben. Es ist der Takt und das Naturgefühl des Künstlers, der hier und da ein zu starkes Licht herabdrückt, dagegen ein anderes heraushebt und ihm einen wärmeren oder kälteren Ton giebt. Der feine Glanz auf den Lichtpartien des Laubes muss durch Herausnehmen mit dem Tuch und durch Einsetzen des Lufttones erzeugt werden.

Die harten Uebergänge vom Licht zum Schatten müssen an manchen Stellen mit dem Pinsel und reinem Wasser zusammengewaschen werden, damit die Kernpunkte um so energischer wirken. Die Ausladungen werden durch Zusatz oder Wegnahme verfeinert, und alles Feste, was der Natur des Laubes zuwider ist, muss aufgelockert werden. Oekonomie in der Anwendung des sogenannten Baumschlags (ein abscheulicher Ausdruck, der nur für Kinderschulen passt), oder besser, sparsame Entfaltung der eigentlichen Blattform ist in hohem Grade anzurathen, wenn der Baum nicht im nächsten Vorgrunde steht.

Eine andere, in vielen Fällen practische Methode, einem Baum möglichst schnell seinen Charakter-Ausdruck zu geben, besteht darin, dass man in dem ziemlich bestimmt gezeichneten Bleistiftcontur mit einem neutralen Ton zuerst die tiefsten Schatten einsetzt, auch den Stämmen ihre Dunkelheit giebt, darauf den ganzen Baum mit Einschluss der Schatten mit seinem Lichtton übergeht und dann erst die verbindenden Mitteltöne einsetzt. Dieser Weg ist besonders bei den Bäumen und Sträuchern des Vorgrundes zu empfehlen, die sich durch entschiedene Dunkelheit auszeichnen. Die Verfeinerung der Arbeit wird dann auch hier in der oben beschriebenen Weise vor sich gehen müssen.

Was nun die Durchbildung des eigentlichen Vorgrundes betrifft, so tritt mehr und mehr die Forderung der speciellen Kenntniss aller der Dinge auf, die denselben bilden. Während für Ferne und Mittelgrund oft ein lebendiges Naturgefühl ausreicht, verlangt der Vorgrund neben diesem noch eine gründliche Wissenschaft. Hier ist es, wo sich der durchgebildete Künstler am meisten zeigt. Jeder Gegenstand muss plastisch, organisch und greifbar sein, und doch darf der Uebergang, wo sich das Allgemeine zum Speciellen gestaltet, nicht besonders bemerkt werden. In demselben Masse, wie der Luftton, in der Ferne beginnend, nach vorn immer mehr von seiner Körperlosigkeit verliert und in den wirklichen Localton übergeht, steigert sich auch die Deutlichkeit der eigentlichen Formation der Gegenstände bis zur Greifbarkeit. Demgemäss muss auch die Technik des Vorgrundes eine andere werden; sie muss loser, gleichsam poröser werden, so dass sie jeden Gegenstand je nach der Beschaffenheit seiner Oberfläche charakterisirt.

Nehmen wir als einfachstes Beispiel ein flaches, kiesiges Terrain. In der Ferne erscheint es uns als ein geschlossener glatter Ton, im Mittelgrunde bemerken wir seine Rauheit und in nächster Nähe treten die einzelnen Unebenheiten, Steine und Steinchen, aus denen es besteht, deutlich zu Tage. Um diese Stofflichkeit mit einer massenhaften Behandlung wiederzugeben, ist eine andere Pinselführung nöthig, als bei völlig glattem Ton. Man wird den Pinsel, der nicht allzu voll mit Farbe überladen sein darf, seitwärts auf das Papier bringen und durch ein leichtes Darüberfahren die Fläche porös übergehen. Die auf diese Weise absichtlich hervorgerufenen Zufälligkeiten von Hell und Dunkel wird man im Sinne der Sache ausbeuten, indem man den verschieden geformten hellen Punkten kleine Schatten giebt und andere Stellen, die zu offen, mit dem entsprechenden Ton mehr zusammen zieht. Das perspectivische Gefühl muss den Künstler leiten, den Einzelheiten, je mehr sie sich ihm nähern, grössere Dimensionen zu geben, und es ist hier der Punkt, wo sich seine Phantasie in Hervorbringung mannigfacher charakteristischer Formen zu bekunden hat. Was den Lichtern noch an Helligkeit fehlt, muss mit dem Tuch herausgenommen und entsprechend colorirt werden.

In ähnlicher Weise ist ein mit Vegetation bedeckter Boden zu behandeln.

Eine Wiese oder Angerfläche, die uns in der Ferne wie weicher Sammet erscheint, zeigt in grösserer Nähe die einzelnen Partien der Gras- und Halmbüschel, bis zum deutlichen Erkennen der einzelnen Stauden und Halme. Auch hier ist die Behandlung mit der Seite des Pinsels vortheilhaft, die dann durch das Hervorheben einzelner bestimmter Lichter und Schatten vollendet werden muss. Nicht jeder Pinsel thut für diesen Zweck dieselben Dienste; besonders brauchbar sind dazu die braunen Marderpinsel, lang gebunden, in Blech gefasst, die bei einer grossen Elasticität sich vorn leicht spalten und hierdurch mehrere Striche und Formen auf einmal hervorbringen.

Ein sehr dankbarer Theil der Behandlung des nächsten Vorgrundes ist das Zeichnen einzelner Halme, Blätter und Ranken an den für ihre Wirksamkeit passendsten Stellen. Ein scharf gespitzter Zobel- oder Marderpinsel von schlanker Taille führt das reine Wasser so scharf über die dunklere, darunter liegende Fläche, dass durch ein kurzes und kräftiges Wischen mit dem seidenen Tuch oder Waschleder die hervorgekommenen Formen die Präcision sorgsam aufgesetzter Lichter haben. Die Punkte, welche man am glänzendsten wünscht, werden noch einmal genässt, gut abgewischt und mit dem Gummi nachgerieben, wodurch sie dann fähig sind, jede beliebige Farbe anzunehmen. Die zu breit und ungeschickt gewordenen Lichter sind leicht mit dem daneben stehenden Ton zu beschneiden und zu verbessern.

Mauerwerk, helle Wände, altes Holz, grosse Steine, Baumstämme etc. haben sämmtlich eine mehr oder weniger rauhe Oberfläche, je nach ihrer speciellen Natur, und werden auf ähnliche Weise zur grössten Realität zu bringen sein.

Erst durch strenge Beobachtung dieser Handgreiflichkeit des Vorgrundes erhalten die weicheren und geschlossenen Töne der Ferne ihren vollen Zauber.

Ein Element von hoher Wichtigkeit und phantastischem Reiz in der Landschafts-Malerei ist Wasser. Vermöge seiner Bewegungsfähigkeit bildet es einen natürlichen Gegensatz gegen das Starre. Sein fortwährendes Bestreben, seine glatte Oberfläche herzustellen, verleiht ihm die Eigenschaft des Spiegelns, und zwar in dem Masse seiner eigenen Ruhe. Der schäumende Giessbach, der rinnende Strom, der streifige Landsee, der schilfumgebene, mit Wasserblumen bedeckte Weiher, dessen stille Buchten spiegelglatt in der Sonne brüten, können an und für sich schon malerische Sujets von höchster Wirkung sein. Ueber die poetische Auffassung entscheiden allein Tact und Naturgefühl des Künstlers, jedes Wort darüber wäre unnütz; aber in Betreff der technischen Behandlung lassen sich einige practische Regeln angeben, die freilich wieder mehr in einem richtigen Erkennen der Ton- und Farben-Verhältnisse bestehen, als gerade in besonderen technischen Handgriffen.

Eine vollkommen farblose Spiegelfläche reflectirt die Gegenstände nach den Gesetzen der Perspective mit absoluter Genauigkeit in Form, Ton und Farbe.

Eine derartige Spiegelung existirt in der Natur nur höchst selten, und wenn sie ja einmal vorkommt, ist ihre Wirkung die bei weitem am wenigsten malerische. Durch die vollkommene Identität mit dem Sujet wirkt sie mit derselben Kraft, als dieses, und nimmt ihm somit seine Bedeutung, sein Auge. Das Wasser zeigt in dieser vollkommensten Ruhe auch nicht seine Wesenheit, das Flüssige und Nasse.

Hat das Wasser bei vollkommener Ruhe dagegen einen dunkleren Localton, so tritt schon eine entschiedene Unterordnung des Reflexes gegen die Wirklichkeit ein und es wird somit malerisch berechtigter. Die Technik hat dabei keine andere Aufgabe zu lösen, als die Töne der Wirklichkeit herabzustimmen durch ein gemeinsames Medium, schwärzlich, grünlich, bräunlich, je nach der Natur des Wassers. Zu bemerken ist nur, dass die Schatten des Reflexes niemals dunkler werden, als die der Wirklichkeit, weil mit dem dunkleren Localton des Wassers auch allemal ein gewisser Grad von Trübheit verbunden ist.

Seinen vollen malerischen Werth aber gewinnt Wasser erst durch eine Bewegung seiner Oberfläche, sei dieselbe durch Wind oder durch Fliessen hervorgebracht. Erst durch Bewegung wird die Oberfläche als horizontale Ebene sichtbar und es tritt für den Beschauer sofort der Eindruck perspectivischer Verkürzung, das Gefühl des Raumes ein, das Hauptwirkungsmittel aller Landschafts-Malerei. Mit der Bewegung hört die Spiegelung keineswegs auf, aber sie mildert sich in ihrer mathematischen Strenge: die Contoure verschwimmen und verzittern in einander, die Töne und Farben brechen sich mit dem Luftton; der ganze Reflex, in seinem Bau ein wenig länger gestreckt und in jedem Theile gemildert, läuft der Wirklichkeit nicht mehr den Rang ab und bildet ganz für sich jenes flüssige, räthselhafte Wesen, welches wieder und wieder auf uns Menschenkinder seinen unwiderstehlichen Reiz ausübt.

Je stärker die Bewegung wird, je mehr verschwindet die Spiegelung und es tritt an ihre Stelle der Luftton ein.

Die technische Behandlung eines vom Winde leicht bewegten Gewässers würde etwa folgende sein: Nachdem man mit dem Bleistift die sich spiegelnden Gegenstände nach den Regeln der Perspective in ihren Hauptmassen festgestellt hat, beginne man damit, dem ganzen Wasser einen leichten Localton zu geben, im Vorgrunde am kräftigsten, nach hinten allmählich verschwimmend (Raw Sienna mit Cobalt oder Vandyck Brown, oder Vandyck Brown mit Indigo). Hierauf lege man die sich spiegelnden Gegenstände in ihrem Localton an, der ein wenig neutraler gehalten sein muss, als in der Wirklichkeit; durch ein allmähliches Verlaufenlassen desselben nach vorn in einer horizontalen Strichweise deute man die zitternde Bewegung des Wassers an. Danach setze man in ähnlicher Weise die entsprechenden Mitteltöne und Schatten ein und verstärke dieselben nach dem Ansatz der Spiegelung hin mehr und mehr, so dass sie der Wirklichkeit zunächst, ihr auch am ähnlichsten sind an Kraft und Farbe, jedoch beide nicht völlig erreichen.

Wenn auf diese Weise die leicht bewegte Spiegelung hergestellt ist, wird man die Luftlichter, welche durch Wind oder sonstige Bewegung der Oberfläche an einzelnen Stellen als helle Streifen hervortreten, am besten mit dem Tuch herausnehmen und mit dem entsprechenden Luftton coloriren. Der Grundcharakter dieser Lichter ist die horizontale Linie, die sich in leisen perspectivischen Verschiebungen über die Theile der Spiegelung hinzieht, welche man für die malerische Wirkung am günstigsten hält. An einigen Stellen werden sie scharf hervortreten, an andern zart und unmerklich in den Grundton verschwinden müssen. Schilfpartien des nächsten Vorgrundes, die nicht als Masse, sondern als einzelne Halme wirken sollen, werden am besten zuletzt mit Farbe eingesetzt, ihre hellen Theile danach mit dem Tuche herausgenommen und colorirt.

Auf heftig fliessendem Wasser nehmen die Luftlichter statt des streifigen Liniencharakters mehr die Form der sich vor einander herschiebenden Wellen an. Ein immer erneutes Naturstudium ist nöthig, um denselben die leichte rinnende Bewegung zu geben, und der Typus ihrer Form wird sich wesentlich danach richten, ob das Wasser entgegen, abwärts oder seitwärts fliesst. Bei stark bewegten Gewässern oder Wasserfällen, wo sich Schaummassen bilden, thut man wohl, letztere in ihrer Hauptform auszusparen und sodann mit dem Tuch oder einem scharfen Radirmesser zu verfeinern.

Das völlig still liegende Meer ist eine seltene Naturerscheinung; es spiegelt, wie jedes andere stille Wasser, die Wirklichkeit mit perspectivischer Genauigkeit wieder. Ein leiser Windhauch zieht leise Streifen darüber hin, welche den Ton und die Farbe der höher liegenden Theile der Luft annehmen. Es ist hierbei gleichgültig, an welcher Stelle des Meeres der Wind sich zeigt; wir sehen oft eine glatte See mit einem oder mehreren dunklen Streifen am Horizont, die eine Verwandtschaft mit dem Ton des Zeniths haben, ein Beweis, dass der die Streifen erzeugende Wind ziemlich heftig sein muss. Steht in solchem Falle die Sonne in oder über dem Bilde, so wird dieser bewegte Streif senkrecht unter der Sonne glänzend hell, wie die Sonne selbst, vorausgesetzt, dass die Bewegung stark genug ist, die einzelnen Wellenflächen bis gegen die Sonnenhöhe zu kehren. Man nennt dies häufig den Silberblick des Meeres. So ist denn, je nachdem der Wind stärker oder schwächer, für die Farbe der bewegten Streifen die ganze Farbenscala der Luft vom Horizont bis zum Zenith möglich. Bei klarem Tageshimmel und leichtem Wind sieht man daher das Meer blau, je stärker der Wind, je dunkler wird dasselbe. Technisch ist hierbei nur zu bemerken, dass schmale, weiche Streifen sich am leichtesten mit dem Tuch herausnehmen; sind sie dagegen scharf und bestimmt, so wird man besser thun, sie auszusparen. Ein sehr gutes Mittel, aus einem dunklen Meer einen hellen Streifen herauszuwaschen, besteht darin, dass man aus einem starken Blatt Papier einen Streifen herausschneidet, dasselbe auf die entsprechende Stelle der Malerei legt und mit dem gut ausgedrückten Schwamm der Länge lang über die offene Stelle hinfährt. Die Wirkung ist unfehlbar und man hat nachher nur noch den gleichmässig hell gewordenen Ton zu modificiren.

---

# Zusammenwirkung.

Nach diesen Bemerkungen über die einzelnen Theile der Landschaft und deren technische Behandlung will ich versuchen, den allgemeinen Gang der Arbeit zu beschreiben, wie er für die Entstehung eines Aquarellbildes am zweckmässigsten erscheint.

Während die Oelfarbe vermöge einer Anzahl von Eigenschaften für den Beginn eines Bildes, ob derselbe im Vordergrunde, Mittelgrunde, Hintergrunde oder bei der Luft erfolgt, jede Willkür gestattet, da die Leinwand eine ziemlich rücksichtslose Behandlung mit dem Lappen und dem Kratzmesser verträgt, erfordert das zartere Material der Aquarell-Malerei eine grössere Vorsicht; unzweckmässiges Vorgehen bringt Unsauberkeit und Zeitverlust mit sich und führt oft zum gänzlichen Verwerfen des Bildes.

Es ist hier nicht die Rede von Skizzen und leichten Entwürfen, die nur als Vorarbeit zu einem vollendeten Werke dienen sollen; hier wird der Künstler, ohne alle Rücksicht auf Sauberkeit und Reinheit, nur die Hauptwirkung im Auge haben und diese mit möglichst wenigen Farbenlagen zu bewirken suchen. Ob ihm dabei Schwamm, Messer und Tuch Dienste thun, die die Structur des Papiers völlig vernichten, oder ob er deckende Farben für seine Lichter zur Hilfe nimmt, wer will ihm daraus einen Vorwurf machen, sobald er nur zu seinem Zweck kommt? Handelt es sich dagegen um ein durchgeführtes Bild, so tritt die Nothwendigkeit ein, mit einiger Berechnung zu Werke zu gehen.

Es sind wesentlich zwei Prinzipien, welche von ausgezeichneten Aquarellmalern für die Durchführung vollendeter Werke angewendet werden. Die Einen beginnen mit dem Localton der Gegenstände, die Andern mit dem Schatten derselben. Beide Arten haben ihre Vorzüge, aber auch ihre Mängel, sobald man pedantisch an ihnen hängt. Mir scheint die Verschmelzung beider am leichtesten zu einem Resultat zu führen. Man wird immer gut thun, Gegenstände von starkem Localton mit diesem zu beginnen, weil derselbe, abgesehen von seinem Schatten, als auffallender und daher wirksamer Fleck im Bilde erscheint, während Gegenstände von hellem Localton und bestimmtem Schatten am besten mit diesem zu beginnen sind, da sie vorwiegend durch ihre Modellirung wirken.

Einige Beispiele mögen den fortschreitenden Gang eines Aquarellbildes klar machen.

Die Aufgabe sei eine ländliche Idylle einfachster Art. Auf einem flachen grünen Anger erhebt sich zur Rechten des Bildes im nahen Mittelgrunde ein ländliches Gehöft; mehrere hohe Bäume beschatten einen Theil des vorderen Hauses; unmittelbar daran schliesst sich der fernere Mittelgrund, bestehend aus Feld und Wiese mit Gesträuchen, in der Ferne geschlossen von einem duftigen Höhenzug, der an mehreren Stellen von fernen Bäumen durchschnitten wird. Zur Linken im Vorgrund liegt ein Teich mit schilfigem Ufer; zwischen ihm und dem Gehöft weiden einige Kühe und Schafe. Die Luft ist theils mit Gewölk bedeckt, welches den Mittelgrund bis zur Ferne in Schatten legt, während Gehöft und Vorgrund von der Sonne beschienen sind.

Nachdem die ganze Situation mit Bleistift leicht aber bestimmt entworfen ist, beginne man mit der Luft und vollende dieselbe so gut als möglich. Während die verschiedenen Lagen derselben trocknen, lege man über das ganze Terrain und die Gebäude (mit Auslassung der hellsten Lichter in letzteren) einen gemeinsamen Ton von Sepia, Light Red und Cobalt, der etwa die Kraft der Lichter des Terrains hat; nach der Ferne zu verwasche man ihn ein wenig. Es wird dadurch zunächst die Sonderung des Stofflichen von der Luft erreicht. Hierauf gebe man den Häusern ihre Schatten mit einem Neutralton von Cobalt und Light Red, etwa in halber Kraft der Wirklichkeit, nur um sie zunächst auf ihren Plätzen als Dinge zu zeigen. Das Nächste werden die Bäume sein. Jeden derselben lege man in seinem Localton an und beginne hierbei mit dem vordersten. Sodann setze man mit einem neutralen Grau den beabsichtigten Wolkenschatten in den Mittelgrund und verwasche ihn da, wo er sich weich verlieren soll.

Durch diese wenigen Lagen wird man eine Idee der Erscheinung des Ganzen erreicht haben; die Luft ist von der Erde gesondert, Bäume und Häuser stehen, die dunkle Masse ist von der hellen getrennt. Es beginnt nun das genauere Coloriren der einzelnen Terrainpartien, von der duftigen Ferne bis zum Vorgrund und umgekehrt. Die Gebäude bekommen ihre Localfarbe, das Vieh auf dem Anger Farbe und Schatten, die Bäume Mittelton und Kernschatten, der Teich den entsprechenden Luftton und die Spiegelung der am Rande stehenden Gegenstände.

Nachdem dies bewirkt, wird sich zeigen, ob die Luft ausreichende Kraft hat, oder ob man durch Zusatz von Blau im Aether oder durch stärkeren Schatten in den Wolken ihre Plastik zu erhöhen hat.

Die nun folgende Arbeit ist das eigentliche Fertigmachen, das Ausgleichen und Beseitigen aller unnützen, noch stehen gebliebenen Lichtflecke, die der ruhigen Haltung des Ganzen Eintrag thun: die Specialisirung des Vorgrundes durch Herausnehmen schärferer Lichter und Zusatz stärkerer Schatten; das Zusammenwaschen fleckig gebliebener Partien theils mit reinem Wasser, theils mit entsprechenden dünnen Farbenlagen; das sorgsame Reinigen der

Ferne und des Mittelgrundes von allen störenden Flecken und Rändern, die von der Anlage her stehen geblieben sind.

Man wird leicht erkennen, dass das Grundprincip dieser Arbeitsfolge aus dem Bemühen entspringt, das Werk in allen Stadien seiner Vollendung in möglichst gleichem Grade der Ausbildung zu erhalten. Das Bild, welches der Phantasie vorgeschwebt hat, noch ehe ein Pinselstrich daran geschehen, soll so wenig als möglich durch vorzeitige Ausbildung der Einzelheiten abgeschwächt werden; ein gleichmässiges Fortschreiten in allen Theilen soll das Gefühl für die Totalwirkung frisch erhalten und keinen Augenblick der Ermattung oder des mechanischen Fortarbeitens aufkommen lassen.

Schon die erste Anlage sondert die grossen Gegensätze von einander; der zweite Zustand giebt allen Theilen ihre Localfarbe; der dritte bringt die silhouettenhaften Massen zu voller Verständlichkeit; der vierte gleicht die Mängel und Rohheiten aus. Selbstverständlich wird man diese Zustände nicht pedantisch von einander trennen können; unwillkürlich wird, aus technischen Rücksichten, der eine in den andern greifen.

Wo z. B. Bäume in eine helle Luft ragen, ist es wohlgethan, letztere zuvor möglichst fertig zu machen, weil das Bessern mit breiten Tönen in der Luft sehr leicht die Ausladungen der Bäume auflöst, die dann einen grünlichen oder gelblichen Schein um sich verbreiten; nur durch grosse Geschicklichkeit in der Pinselführung ist ein solcher Uebelstand zu vermeiden. Bei dunkleren Lüften ist diese Vorsicht weniger nöthig.

Die Oelmalerei thut geflissentlich das Gegentheil; das Gegenmalen der Luft gegen die Bäume ist fast geboten, um deren Ausladungen weich und plastisch zu machen.

Als ein anderes Beispiel diene folgende Aufgabe: Wir stehen in einem Torfmoor; eine weite, theils grüne, theils mit Haidekraut bedeckte Ebene liegt vor uns. Zur Rechten im fernen Mittelgrunde zieht sich ein dunkler Waldsaum entlang, dessen letzte Bäume sich vereinzeln und den Durchblick zwischen den Stämmen in Luft und Ferne gestatten. Der Vorgrund wird von einer schilfigen Lache durchschnitten, an deren Rand einige Reiher ihr Wesen treiben. Die Sonne ist seit einigen Minuten hinter dem Walde untergegangen; schwere Dünste lagern über der Ferne, während aufwärts der Himmel in glänzender Klarheit strahlt.

Stimmungen, wie die vorliegenden, hat Jeder oft erlebt; sie gehören zu dem Ergreifendsten, was uns die Natur bieten kann. Zu keiner andern Tageszeit ist der Gegensatz zwischen Luft und Erde energischer, als vor Aufgang und nach Untergang der Sonne. Der Himmel glänzt in der wärmsten Farbenscala, die Erde dagegen empfängt keinen Sonnenstrahl mehr und nimmt deshalb, obwohl noch Tageshelle auf ihr herrscht, einen sehr tiefen Generalton an.

Die ersten Operationen müssen also darauf gerichtet sein, diesen Gegensatz energisch und zweifellos herzustellen. Nachdem das ganze Papier einen Ton von Yellow Ochre empfangen, der oben beginnend, sich nach dem Horizont zu leise verstärkt, mische man einen violettgrauen Ton (Brown Madder, Cobalt und Sepia), setze ihn unterhalb der fernsten Höhenzüge ein und übergehe das ganze Erdreich (mit Auslassung des Wassers) dergestalt, dass man ihn durch Zusatz von Wasser nach vorn an Kraft vermindert. Dieser Ton ist geeignet, jede tiefere Farbe, welche man darüber legt, wirken zu lassen und dient nur dazu, das Dunkelheitsverhältniss von Erde zu Luft annähernd herzustellen.

Man gehe nun an das weitere Vollenden der Luft, steige von dem sehr schmalen glänzendgelben Theil des Mittelgrundes der Luft durch tieferes Gelb, Orange und Roth nach dunstigem Grau nieder, dagegen aufwärts vom Mittelgrunde durch einen Hauch Apfelgrün nach Perlgrau.

Die Wolken, wenn man deren anbringen will, werden in dieser Stimmung gewöhnlich als tieferer Ton auf dem Aether stehen; man lege sie also in ihrem Lichtton an und setze die Schatten mit Tönen von Rose Madder und Cobalt, Light Red und Cobalt, Brown Madder und Cobalt hinein. Jeder dieser Töne gewinnt an Zartheit, wenn man ihnen eine Kleinigkeit Weiss beimischt.

Es werden alsdann alle Partien des Erdbodens ihre Localtöne empfangen müssen, die, je weiter nach hinten, mehr und mehr einen Ton neutral-violetter Dunkelheit in sich tragen. Nur im nahen Vorgrunde treten die Farben in ihrer vollen Realität auf. Das Wasser spiegelt den entsprechenden Ton der Luft und wo es bewegt sein soll, empfängt es Töne der höher gelegenen Luftregionen. Der Wald im Mittelgrunde des Bildes wird, als senkrecht stehende Masse, noch tiefer betont werden müssen, als das horizontale Erdreich, welches vom Aether einen erhellenden Reflex bekommt. (Cobalt und Indigo mit Brown Madder.)

Die materiell tiefsten Stellen des Bildes liegen in den Spalten und senkrechten Flächen des Vorgrundes und sind mit dem saftigsten und vollsten Braun wiederzugeben. Van-Dyck-Brown, Burnt Sienna, Brown Pink, Purple Madder als Schatten, zu Lichtern von Indian Yellow mit Indigo, Indian Yellow mit Burnt Sienna, Indian Yellow mit Indian Red.

---

# Schlussbemerkungen.

Das Studiren in Aquarellfarben vor der Natur weicht in der Behandlungsweise von dem Arbeiten im Zimmer wenig ab.

Ist es die Absicht, ein vollendetes, abgeschlossenes Kunstwerk vor der Natur zu schaffen, so wird der Gang der Arbeit völlig derselbe sein. Am häufigsten aber geht der Künstler in die Natur hinaus, um Studien und Notizen zu sammeln, die er späteren Werken zum Grunde legt. In diesem Falle tritt eine bei Weitem freiere Behandlungsweise ein: jedes Mittel, welches möglichst schnell zum Zweck führt, ist das richtige; es kann ihm nur darauf ankommen, die charakteristischen Töne und Accente seines Motivs voll und deutlich wiederzugeben und zu Gunsten dieses höheren Zwecks muss er abstehen von der Sauberkeit und Klarheit, welche nothwendige Eigenschaften vollendeter Werke sind. Ganz besonders in der Luft, wenn sie farbiger Natur ist, dürften sich Schwierigkeiten herausstellen, die nur durch ein langsames und vorbedachtes Vorschreiten mit einer Anzahl dünner Farbenlagen zu überwinden sind; während des Trocknens derselben ist der Effect, der vor dem Künstler steht, längst entschwunden. Will er aus unmittelbarer Anschauung eine farbige, mit Gewölk durchwebte Luft schnell zu Papier bringen, so bleibt nichts Anderes übrig, als statt der langsamen Präparation mit über einander gelegten Tönen, die Farben direct zu mischen, nass in nass neben einander zu stellen und zu verarbeiten. Es wird niemals gelingen, auf diese Weise den Hauch der Natur zu erreichen; aber das Resultat wird hinreichend sein, um nach demselben ein selbständiges Werk zu beginnen.

Was das Mass der Kraft, welches einem Aquarellbilde zu geben ist, betrifft, so kann man darin nicht vorsichtig und ökonomisch genug sein. Die Mittel, welche unsere Palette bietet, sind unendlich geringer, als die der Natur; daraus folgt, dass sie weise verwerthet werden müssen, um einen der Natur sich annähernden Effect zu erreichen. Man arbeite so lange als möglich mit Mitteltönen, auch in den tiefsten Stellen des Bildes, und spare die äusserste Kraft, die die Farben bieten, für wenige, wohl erwogene Stellen auf. Zu grosse Dimensionen energischer Dunkelheit werden nicht mehr als Kraft, sondern als Schwärze wirken, und wie die hellste Lichtpartie noch ihren Focus haben muss, ist auch für den Schatten ein Kernpunkt wohlthuend. Das stumpfe Auftrocknen der dunklen Farben lässt oft ihre Unterschiede nicht genug erkennen; um sie zu verdeutlichen und saftiger erscheinen zu lassen, hat man vielfach einen leisen Ueberzug von Gummi arabicum angewendet: ein nicht besonders gutes Mittel. Es wirkt meist als ein zu glänzender Fleck ohne zarten Uebergang, der aus der Tonscala fällt; man thut besser, an seiner Stelle eine unbedeutende Kleinigkeit Leinöl zu nehmen, die man mit dem Finger sanft auf die tiefste Stelle reibt und in die Umgebung verbreitet.

Alle Technik, der glänzendste Vortrag, die meisterhaft ausgeführten Einzelheiten werden werthlos, wenn sie nicht einem malerischen Grundgedanken entsprungen und demselben untergeordnet sind. Ein solcher lebt in dem Künstler von Beruf, gleichgültig ob bewusst oder unbewusst, und wenn er es versteht, ihn durch künstlerische Mittel auszudrücken, so werden seine Werke Kunstwerke. Niemand aber darf hoffen, durch das Erlernen einer Methode Künstler zu werden; fehlt ihm die productive Kraft, so dürfte der Inhalt dieser Zeilen für ihn von geringem Werthe sein. Nur für das Copiren bereits vorhandener Kunstwerke wird er aus ihnen einigen Nutzen ziehen können.

---

**Fußnoten**

[1] Sämmtliche genannten Materialien sind echt zu haben bei *W. A. Lantz & Co.* in Berlin, W., Leipzigerstrasse 22.